하늘빛 고운 날

시조사랑시인선 55

이경옥 시조집

하늘빛 고운 날

열린출판

이경옥 시조집

하늘빛 고운 날

1판 1쇄 발행 2024년 11월 30일

지은이 | 이 경 옥
펴낸곳 | 열린출판
등록 | 제 307-2019-14호
주소 | 경기도 고양시 덕양구 권율대로 656, 1401호
전화 | 02-6953-0442
팩스 | 02-6455-5795
전자우편 | open2019@daum.net
디자인 | SEED디자인
인쇄 | 삼양프로세스

ⓒ 이경옥, 2024
ISBN 979-11-91201-78-9 03810

*책값은 뒤표지에 표시되어 있습니다.
*저자와 협의하여 인지를 생략합니다.

• 이 도서는 강원특별자치도와 강원문화재단 후원으로 발간되었습니다.

■ 시인의 말

  삶이란 서로 아름답고 긍정적인 상호작용을 통하여 더욱 빛나고 행복해진다고 생각한다. 작은 자연물을 통해 느끼는 감성도 사람과 사람 사이에서만 느끼는 감정과 다르지 않게 각별할 수 있다. 자연물을 통해 삶을 관조하고 더욱 가치 있는 삶으로 빚어간다면 그 또한 행복하고 보람된 일일 것이고 작은 꽃 한 송이를 통해서도 우리는 힘을 얻고 나아갈 용기를 내게 될 수도 있다.
  본인은 모든 자연물과 일상적인 삶 속에서 마음에 감동을 준 소재를 통하여 어려운 삶 속에서도 자라나는 용기를 북돋우고 싶었다. 삭막한 환경 속에서도 꿋꿋하게 아름다운 삶을 가꾸어 가는 사람들의 강인함을 일깨워 줄 수 있으면 한다.
  고독과 슬픔 속에서도 나의 시를 통하여 따스함을 느끼고 희망을 품기를 소망하며 모두가 행복했으면 좋겠다는 마음을 전한다.

2024년 11월
이경옥

■ **차례**

■ 시인의 말 _ 5

1부 새벽 바다

새벽 바다 ················· 13
노송 ···················· 14
눈물 ···················· 15
어부의 바다 ··············· 16
내 마음 강가에서 ··········· 17
장마 ···················· 18
비 오는 날 ················ 20
강 ····················· 21
마음 바다 ················· 22
겨울 바다 ················· 23
바위 ···················· 24
우주 속의 나 ··············· 25
빗소리 ··················· 26
큰 바다 품에서 ············· 27

2부 하늘빛 고운 날

하늘빛 고운 날 ····· 31
새벽 풍경 ····· 32
깊밤 ····· 33
내 날개 ····· 34
마음의 창 ····· 35
포도알 ····· 36
꿈의 날개 ····· 37
숲 ····· 38
낙화 ····· 39
들풀 ····· 40
들꽃 ····· 42
은행잎 ····· 43
노을 ····· 44
들꽃·2 ····· 45

3부 바람의 동행

나는 매일 꿈꾸지 ·········· 49
바람의 동행 ·········· 50
나비 죽음 ·········· 52
바람이 넘기는 책장 ·········· 54
씨앗 ·········· 55
바람이 지나간 길 ·········· 56
바람 따라 ·········· 58
대숲에 바람 일면 ·········· 59
은행나무 ·········· 60
바람 ·········· 61
바람·2 ·········· 62
바람·3 ·········· 63
만추 ·········· 64
바람을 보며 ·········· 66

4부 겨울연가

동토 …………………………………… 69
겨울연가 ………………………………… 70
겨울 입문 ………………………………… 72
나무와 추위 ……………………………… 74
겨울의 길목에서 ………………………… 75
눈 내리는 풍경 …………………………… 76
겨울 아침 묵상 …………………………… 78
겨울 소묘 ………………………………… 79
겨울 소묘·2 ……………………………… 80
겨울 달님 ………………………………… 82
겨울비 …………………………………… 83
긴 겨울 지나가면 ………………………… 84
좁은 길 …………………………………… 86
순교자 …………………………………… 87

5부 시간의 수레바퀴 아래서

시간의 수레바퀴 아래서 ················· 91
고향 생각 ································· 92
아버지 수첩 ····························· 93
기억 ······································· 94
시간 속에 나 ··························· 96
시간이 흐르는 게 아니라 ············ 98
천년의 나무 ····························· 99
가을비 ··································· 100
가을 황혼 ······························· 101
시어머니 임종 후에 ··················· 102
합장 ······································· 104
고향마을에서 ··························· 106
동반자 ··································· 107
세월 ······································· 108

해설: 하늘빛 고운 날, 띄워 올리는 소망所望의
　　　기도祈禱 -이경옥 시인의 작품 세계 ········ 111

1부

새벽 바다

새벽 바다

어둠의 끝자락이 살포시 걷혀지며
여명을 밝히는 등 수평선에 떠오르면
사방에
번져가는 빛
바다 위에 길을 연다

황금빛 바닷물결 고요한 길을 따라
희망의 닻을 올려 거친 숨 몰아쉬며
앞으로
나아가는 배
삶의 무게 실려있다

배 따라 날아오른 갈매기 날갯짓에
잠자던 바다 물결 새벽잠 깨어나서
어부들
바쁜 일상을
서로 보려 출렁인다

노송

고향길 양옆으로
늘어선 붉은 노송

오랜 날 바람 따라
휘어진 등허리에

먼바다
검푸른 빛이
층층마다 물들었네

눈물

눈물은 마음속에
숨었다가 솟아나요
깊은 곳 심장으로 주고받는 통로예요
사람의
위대한 사랑
눈물 속에 숨 쉬어요

메마른 가슴에는
서걱이는 소리뿐
촉촉한 감정에는 파릇한 새싹늘이
눈물을
마시고 자라
서로의 맘 이해하죠

어부의 바다

파도가 출렁이는 드넓은 푸른 바다
어부는 새벽 아침 출근 도장 찾아다가
회색빛
하늘 아래에
빨간 도장 찍었다

인장 빛 바다 위에 붉게 퍼져 길을 열면
만선을 꿈꾸면서 두근대는 어부 심장
바닷물
일렁이는 건
어부 심장 뛰어 서지

그물 속 펄떡이는 고기들 바라보면
희망도 덩달아서 돛처럼 부풀어서
고단한
하루의 일과
힘든 것도 잊는다

내 마음 강가에서

강가에 서서 보는 고요히 흐르는 물
거울을 바라보듯 반사된 풍경 위로
하늘이
바라보다가
조용조용 웃는다

내 마음 물소리를 가만히 들어보면
흐르는 강물처럼 마음도 흘러가고
순리를
띠리가려고
고요하게 흐른다

강물이 섭리 따라 아래로 흐르듯이
내 마음 흐르는 길 말없이 따라가면
날마다
평화로운 꿈
행복 속에 싹튼다

장마

찌푸린 먹장구름 물먹은 솜털 되어
여러 날 물 폭탄을 끊임없이 쏟아대니
쫓기듯
산등성이로
내달리던 흙탕물

물과 흙 한 몸 이뤄 무섭게 달려들 때
어둠을 껴안고서 소리 높여 울었어라
밤새워
씻겨간 산야
뒤덮여진 마을엔

오랜 날 하루 같던 기쁜 일상 처참하다
들꽃 핀 골짜기에 남겨진 붉은 상흔
못 씻은
바위 얼굴도
일그러져 누웠다

회복기 때가 되면 꽃들은 다시 피고
상처 난 가슴속에 부활의 싹이 터서
울면서
뿌린 씨앗을
기쁨으로 거두리

비 오는 날

어두운 먹장구름 온 하늘 뒤덮으면
밝았던 세상 풍경 회색빛 파스텔화
투명한
은빛 물보라
살짝 덮인 수묵화

보도 위 떨어지는 수많은 악보들이
절대적 화음으로 부르는 장엄한 곡
하늘 땅
경계 허물고
가득 채운 협주곡

타악기 선율 되어 지붕을 두드리면
온산은 너도나도 들썩이는 흥겨움
산야에
초록빛 생명
가득 담은 수채화

강

시름이 깊어져서 묵묵히 흐릅니다
온 세상
받아들여
감싸고 굽이 돌아
부딪는
물결 위 고통
남겨두고 흐릅니다

긴 세월 흘러오며 써왔던 역사 속에
혼자선
할 수 없던
아픔 속 투쟁들이
핏물을
쏟아낸 청춘
반사하며 흐릅니다.

마음 바다

사람들 마음에는 바다가 하나 있지
잠잠한 바닷물결 조용한 심장 소리
그러다
큰바람 일면
마음 바다 거칠어져

온몸을 뒤흔드는 폭풍 같은 바람 일면
두 눈은 뒤집히는 등불처럼 어두워져
깜깜한
칠흑 바다엔
별빛, 달빛 안 보여

바닷길 밝혀주는 등대가 필요하듯
우리들 마음 바다 밝히는 등이 있어
날마다
흐리지 않게
등불 켜고 있어야 해

겨울 바다

유년의 기억 너머 잠자던 동해바다
고요에 묻힌 겨울 차갑게 인사하면
파도는
적막을 깨려
바위 등을 두드리네

여러 날 오르내린 소나무 길 내려가면
바다는 제 속내를 파도로 빌어내어
거품을
말아 올리며
그리웠다 말하네

바다 향 코끝으로 파도 되어 다가오면
수평선 저 멀리서 가물거린 배 한 척이
외로운
겨울 바닷가
반가움을 실어 오네

바위

천년을 지난 사연 말 못 한 가슴앓이
그 자리 굳게 묻고 묵묵히 서 있구나
온종일
꼿꼿이 서서
다리 한 번 못 떼네

오늘도 산등성이 우뚝 서서 지키다가
땅거미 내려오는 비경의 한 자락을
수묵화
주인공 되어
하루 꼬박 지새네

겨울의 길목에서 눈과 비 맞으면서
혹한에 벗은 몸이 칼바람에 깎이어도
오롯이
일편단심으로
그 자리를 지키네

우주 속의 나

깜깜한 밤하늘을 눈을 들어 보았더니
수많은 별 무리가 반짝이며 속삭이네
하얀 별
푸른 별 노랑별
온도 차로 옷 입은 별

점점이 모여 있는 저 별들 거리마다
수억 광년 거리라니 내 머리 셈 안 된다
아뿔싸!
나의 모습이
먼지보다 작아져서

내 안에 터져 나온 탄성들이 말을 건다
거대한 우주 크기 경이로운 신세계 속
보이지
않을 내 모습
깨닫는 힘 위대하다

빗소리

빗소리 차라라락 귓가에 뿌려지면
차분한 기분 되어 돋아나는 초록 심장
메마른
대지 위 바람
물 한 모금 마셨다

갈증을 삭히면서 하늘 보던 산나리꽃
오늘을 감사하다 고개 숙여 인사하고
초록에
물든 산야가
푸른 바다 되었다

빗소리 들리는 날 마음이 촉촉해져
애타던 갈등들도 조용하게 가라앉아
숨소리
죽여가면서
빗소리를 듣는다

큰 바다 품에서

큰 바다 너른 가슴 설렘으로 일렁이며
모든 것 끌어안아 씻어 주고 품어주네
갈매기 큰 바다 위를 나는 까닭 알겠네

어둠이 떠나가며 새벽빛 드리우면
푸른빛 바닷물결 넘실넘실 흥에 겹네
아침 해 새벽을 열며 나온 까닭 알겠네

돛처럼 부푼 마음 이른 잠 깨어나서
힘차게 헤엄치는 고기 잡는 어부들이
물속에 드리우는 맘 희망찬 걸 알겠네

2부

하늘빛 고운 날

하늘빛 고운 날

비바람 몰아치던 검은 빛 재색 하늘
빗소리 그치면서 뽀얗게 얼굴 씻어
하늘빛
곱게도 웃네
내 마음도 따라 웃네

폭풍우 이겨내고 저렇게 환한 빛을
온 세상 빛깔 위에 가만히 올려놓고
나무 위
초록 산야에
고운 하늘 앉았네

새벽 풍경

흐릿한 안개 덮여 가리운 집집마다
파스텔 그림처럼 정겨운 거리에서
새벽잠
고이 들어서
아침 이슬 외롭다

긴긴밤 지새우던 별들이 꽃이 된 듯
활짝 핀 호박꽃이 순결한 모습으로
다소곳
기다리는 해
아직까지 늦잠이다

살포시 안개 이불 걷어낸 끝자락에
고개를 내민 마을 익숙한 다정함이
새날을
준비하는 이
반기면서 맞는다

깃발

연초록 그린 위를 외로이 우뚝 서서
깃대 위 펄럭이며 손짓하는 하얀 깃발
골퍼들
표적이 되어
위태롭게 서 있네

자신을 향하여서 힘껏 날린 강한 공을
두려움 없는 듯이 꼿꼿이 맞아 서서
미동도
하지 않다가
도도하게 펄럭이네

내 날개

날개를 찾아봤죠 양어깨 아래부터
날고픈 마음으로 밤새워 찾아봐도
내게는
깃털 하나도
자라나지 않았어요

꿈속에 그려보던 날개가 마음에서
간지럼 태우면서 솟아나려 애썼어요
내 날갠
심장 두드려
돋아나려 하나 봐요

새처럼 푸른 하늘 높이높이 날고 파서
눈 들어 하늘 보며 푸른 꿈 새겼다가
밤이면
꿈속 나라를
내 날개로 날아요

마음의 창

마음의 창을 열고 하늘을 바라보면
어느새 들어오는 시원한 바람 한 점
흰 구름
따라 들어와
함께 놀자 청하네

붙잡지 않는 마음 보내는 마음에도
서운한 기색 없이 떠도는 구름 한 점
살며시
점이 되어서
가슴 속에 콕 찍히네

지친 맘 고개 들어 쪽빛 하늘 바라보고
푸르른 쪽빛 들여 푸른 희망 싹을 틔워
새로운
다짐을 하며
밝아진 눈 크게 뜨네

포도알

점들이
매달리어
알알이 굵어져서

보암직
먹음직도
나날이 새로워져

내 입안
가득한 샘물
손가락을 보채네

꿈의 날개

수없이 다짐했지 다시 한번 날아보자
꺾여진 깃털 하나 고치지 못할쏘냐
영혼을
불태워 가며
끝이 없던 날갯짓

현실은 변함없이 차갑게 느껴져도
꿈속을 높이 나는 두 날개 활기찼지
퍼덕인
날갯짓 소리
큰소리로 들릴 때

마침내 날아오른 신비한 날갯소리
하늘 위 떠올라서 높이높이 날아봤지
티 없는
쪽빛 하늘을
그림처럼 날았지

숲

숲속에 비밀의 문 숨겨져 있었을까?
생명은 늘 깊은 숲 찾아서 깃들이고
너와 나
구별도 없이
사이좋게 살아간다

푸른 꿈 꼬옥 잡고 바람을 불렀을까?
바람이 시원해진 숲속 문 들어서면
바람도
숲 향기에 젖어
초록 물이 들었다

작은 풀 누워 자고 큰 나무 노래 불러
숲속은 천국처럼 감미롭고 평안하다
작은 새
깃들어 노래하는
그리움의 고향이다

낙화

짧은 날 꽃 피우려 긴 날을 준비했던
꽃잎이 떨어지는 이별의 순간에도
품속에
까만 씨 한 알
숨겨 놓고 떠나네

바람에 흩어지는 혼들이 붉어져서
망각 속 들어가며 잡고 있는 소망하나
잊지 마
꽃이란 사실
향기 내는 꽃이란 걸

꽃들을 보고 웃는 사람들 미소들이
벙그는 꽃 속에서 날마다 재현되는
행복한
그 순간들이
씨앗 속에 숨겼단 걸

들풀

들판에 모여 사는 이름 모를 들풀 씨앗
어쩌다 날아왔나?
문전옥답 귀한 터에
귀한 건
농부가 심은
대접받는 곡식이지

초대도 받지 않고 찾아온 잡초 아냐
뿌리째 뽑아내는
농부의 무정한 손
뒤집어
생각해보면
곡식 사랑 깊어서지

풀들도 끼리끼리 들판에 모여 살면
서로의 등에 기대
한 세상 욕심 없이
잡초라

불리지 않고
들풀이라 불리겠지

들꽃

들판에 피어있는
이름 모를 작은 꽃들
화려한 모습 없어 꽃인 듯 잡초인 듯
수풀에
숨어 피어서
소리 없이 피고 지네

소박한 꿈을 꿨나
남겨진 씨앗 속에
향기로 채울 날들 가만가만 넣어 두고
아무도
모르게 왔다
노을 밟고 떠나갔네

은행잎

노란빛 나비들이
요렇게 많이 모여

나무가 무거워서
한 마리 떨궜더니

다 함께
떨어셔 내려
바닥 위에 앉았네

노을

황금색 조각구름
서편 하늘 띄워 놓고

붉은색 잦아드는
먹다 남은 홍시 되어

산마루
꼴깍 넘기운
어둠 맞는 붉은 등

들꽃·2

찰나의 순간에도 스치는 환한 미소
아무도 찾지 않는 들판에서 피어나도
향기를
듬뿍 뿌리며
바람결에 왔다 갔네

영원을 사모하여 작은 씨 남기고서
말없이 시위어도 불평 없이 웃고 샀네
한때의
삶의 여정을
흔적 없이 불태웠네

씨앗은 싹을 틔워 또다시 꿈을 꾸며
몇 날만 피고 져도 영원으로 이어가려
곳곳에
흩어져 피어
작은 소망 이뤘네

3부

바람의 동행

나는 매일 꿈꾸지

푸르른 하늘 보며 나는 매일 꿈을 꾸지
순결한 마음으로 꽃피워 살아가며
떠가는
흰 구름처럼
욕심 없이 사는 꿈

파아란 바다 보며 나는 매일 꿈을 꾸지
모든 것 빈아주는 닉닉한 마음 되는
너와 나
받아주는 맘
포말조차 안는 꿈

초록빛 들판 보며 나는 매일 꿈을 꾸지
꽃처럼 방긋 웃고 행복을 전해 주는
욕심도
모르고 사는
들꽃처럼 소박한 꿈

바람의 동행

바람은 긴 날들을
세월과 함께 간다
햇살로 드리워진 커튼을 밟고 간다
바람이
쉴 수 없음은
쉬지 않는 세월 때문

세월을 닮아가던
바람이 남긴 것은
모습을 잃어버린 형체 없는 기억들뿐
꽃들의
향기에 묻은
그리움의 자취뿐

바람아 슬퍼 마라
형체가 없다는 걸
모든 걸 빛깔까지 채웠는지 누가 알까?
신비의

옷자락 속엔
바람 한 줌 일고 있다

나비 죽음

내 사랑 화초들을 가만가만 살펴보니
온 잎이 갉아 먹힌 자국이 선연하다
갑자기
치솟는 분노
잎새들을 살핀다

잎 사이 숨어 있는 연초록 벌레들이
재빠른 내 손길에 황천길로 보내졌다
너무도
사랑하여서
꽃밖에는 안 보였다

고운 색 무늬 나비 꽃밭으로 날아와선
푸른 빛 잎새 위에 가만 앉아 알을 낳네
노란빛
좁쌀 같은 알
앉은자리 놓였다

이 작은 알이 자라 연둣빛 벌레 되어
내 잎을 갉아 먹고 예쁜 나비 되는 것을
내 두 눈
바라보다가
갈등하며 서 있다

바람이 넘기는 책장

바람이 창공 위를 맴돌다 내려와서
푸르른 풀잎들을 하나둘 스쳐 가면
저마다
드러눕는 풀
깔깔대며 웃는다

바람이 비집고 든 풀 사이에 꽃이 웃고
들풀이 책이 되어 한 장 두 장 넘겨지며
파아란
하늘 보다가
제자리로 돌아온다

들판은 생명의 책 수많은 꿈을 꾸며
바람이 갈라놓은 들길 따라 펼쳐져서
푸릇한
책장 속에서
비밀의 문 열린다

씨앗

곱고도 향기 나던 청춘의 꽃들 모습
서러이 사위어서 추한 모습 되어져야
비로소
영글어지는
조그마한 알갱이

까맣게 그을린 듯 오므리고 앉은 모습
엄마의 청춘 태워 안으로 집을 짓고
세상을
몸속에 품고
하루하루 꾸는 꿈

태고의 본능으로 종족을 번식하려
참았던 좁은 내공 폭발하듯 내뿜고서
온천지
꽃들의 동산
한발 한발 넓히네

바람이 지나간 길

형체 없이 지나는 건 바람이야
가끔은 꽃향기를 입에 물고 부드럽게
입맞춤
하려다가는
멈추고선 떠나가지

바람이 지나간 길 흔적 없어 길은 몰라
수줍은 바람들이 지나간 그 길에는
꽃들은
햇살 받으며
고요함을 즐기지

그러나 성난 바람 물밀듯 불어오면
뒤틀며 우는 숲속 파랑이 일어나지
숲속은
몸부림치는
신음소리 가득하지

나뭇잎 어지러이 흩어진 바람의 길
폭풍 뒤 마을에는 상처로 가득해도
새들은
다시 찾아오고
꽃들도 또다시 피지

바람 따라

바람이 지나간 길 흩어진 꽃잎 속에
붉도록 토해냈던 삶의 아픔 뿌려졌네
쨍하게
맑아진 하늘
눈부시게 푸르건만

한 번 진 꽃잎들은 찰나에 스러지고
맺혀진 씨앗 속에 그리움만 담겨있네
한 세월
짧고도 길던
삶의 애환 뒤에 두고

바람이 가자던 길 따라간 그 길 위에
빨갛게 태우던 정 하얗게 바래가며
유형은
무형의 세계
발 내딛고 떠났네

대숲에 바람 일면

대숲에 바람 일면 그림자 드리운 놀
빨갛게 물들이던 하늘을 내어준다
차라락
바람 소리가
대숲 훑고 지나면

태곳적 그리움이 한꺼번에 밀려와서
대숲에 안기어서 한바탕 울고 간다
아무도
모를 거라고
자신에게 속삭이며

바람이 전하여준 세상의 아픔들이
대나무 빈 몸속에 가득히 채워져서
대숲에
바람이 불면
대나무들 울어 댄다

은행나무

굽은 길 가로수에 황금빛 나비 떼가
가득히 올라앉아 햇살에 반짝이다
한순간 부는 바람에
우수수 떨어지네

빛 고운 잎사귀들 하나둘 떠나가면
찰나에 끊긴 인연 사붓이 내려와서
모두를 추억 속으로
가만가만 밀어 넣네

저 노랑 은행잎 속 흔들리는 마음들은
순서를 기다리는 대기실 손님처럼
열심히 달리는 열차
시간 궤도 위에서

영면을 꿈꾸면서 보도 위 내려앉네
사늘한 가을바람 숨 가쁘게 달려가면
내년을 기약하면서
꽃눈 싸는 은행나무

바람

태초에 불던 것도 오늘의 바람일까?
지나간 세월 담은 기억의 조각들이
시간을
실어 나르며
쌓아두던 그리움

짧은 날 고뇌로는 풀 수 없던 수수께끼
한가득 품에 안고 날려오는 바람 소리
창문 앞
두들기다가
떠나가던 아쉬움

오늘도 바람처럼 방황하던 생각들이
익숙한 친구 되어 방안을 기웃대면
밤새운
하얀 상념들로
겨울밤이 짧아진다

바람 · 2

머릿속에 집을 짓던 번뇌의 조각들을
모조리 거둬 가려 바람이 불어와요
온종일
갇힌 영혼을
홀가분히 날게 해요

지난밤 달려와서 뜨락에 머물다가
기약도 하지 않고 허공 속 꿈을 꾸며
바빠진
걸음걸이로
미련 없이 떠나요

라일락 고운 향내 말없이 남겨두고
한줄기 그리움도 저 멀리 버려두고
간다는
한마디 말도
하지 않고 가네요

바람 · 3

바람을 좋아함은 모든 사람 마음인가?
바람이 사라지듯
잠시 머물 인생살이
우리들 마음속 깊이
새겨있기 때문일까

남기지 못할 삶을 말끔히 지우고서
묵묵히 떠나가는
우리들 인생처럼
바람도 아무 말 없이
흘러가기 때문일까

바람이 불러냈던 형체 없는 그리움이
맘속을 맴돌면서
불러주는 노래일까?
밤새워 바람 부는 날
내 마음이 일렁인다

만추

가을이 내게 와서 붉어진 내 마음을
나뭇잎 옆에 걸어 남몰래 보라 하네
푸른빛
높아진 하늘
등에 지고 웃는 맘

단풍잎 곁들여진 숨은 맘 찾아낼까
덩달아 빨개지는 설익은 심장 소리
노랗게
떨어진 은행잎
흔들어 논 가슴 결

바람이 흔들고 간 물든 잎 떨어지면
온 마음 기울여서 듣고 있는 가을 소리
마른 뼈
사각거리며
잎새 위에 긋는 소리

파르란 생기들이 서둘러 떠난 자리
피처럼 새겨놓은 빛 고운 붉은 흔적
끝까지
곱고 싶어서
꽃잎처럼 물들었다

바람을 보며

젊어선 바람 보면 자유로움 좋았더라
어디든 불어가는 여유로움 부럽더니
이제야 바람의 속내 하나하나 알아가네

강한 듯 부드럽고 자유 속 절제함을
마음에 담고 품어 꽃잎처럼 날리다가
고요한 시간 속으로 살그머니 들어가네

4부

겨울연가

동토

봄부터 가을까지 힘차던 심장박동
보드란 흙 속에서 키워내던 바쁜 날들
꽁꽁 언
동면의 이불
소리 없이 덮는다

봄날의 아지랑이 피어날 꿈 그리며
거친 숨 뿜어내던 보도 위 낙엽 아래
지친 눈
살며시 감고
고요 속에 뒤척인다

겨울밤 둥근 외등 하늘에 걸어 두고
내년을 기약하며 얼음장 같은 몸이
아무도
넘보지 못할
결계치고 잠든다

겨울연가

늦가을 마지막 잎 바람에 떨구고서
총총히 달려 나온 서리 내린 겨울 아침
웅크린
온몸 얼리는
바람 소리 들린다

바람에 현을 타는 전깃줄 노랫소리
회색빛 하늘 위에 나지막이 울릴 때면
까치들
추위 속에서
고단한 삶 바쁘다

감나무 가지 끝에 한 알 남은 홍시 하나
추위에 얼은 볼을 사각사각 비벼대면
가지는
찬 하늘 위에
큰 그림을 그린다

새하얀 함박눈이 쉬지 않고 그린 설경
포근한 이불처럼 온 마을 덮어 주고
모퉁이
가로등불이
파수꾼이 되있니

겨울 입문

단풍잎 흔들리다 떨어진 그 자리에
겨울이 성급하게
추위로
노크하네

빨개진 얼은 얼굴 위
흩어지는
겨울바람

사계의 뒷골목을 마지막 휩쓸면서
황혼의 길목 따라
어둠이
내리면은

겨울이 힘 겨루면서
집집마다
문 닫히네

12월 끝 언저리서 맴돌던 긴 여운을
내년의 희망으로
마음껏
꿈꾸는 자

긴 밤을 낚아가면서
날이 밝길
기다리네

나무와 추위

나무는 이상하다 추울 때만 옷 벗으니
해마다 궁금한 것 겨울날 나목 모습
추우면
두껍게 입는
우리와는 다르다

나무는 참 강하다 이 추위에 맨몸 자랑
온몸에 실오라기 하나도 입지 않고
윙윙윙
겨울 칼바람
온몸으로 맞는다

강추위 이겨내며 겨울을 보내고서
따스한 봄이 되면 자랑스레 꽃 피우려
온몸을
단련하면서
맨몸 자랑 한창이다

겨울의 길목에서

한겨울 흰 눈 내려 동화 속 세상 되어
하얗게 쌓인 눈을 조심조심 밟고 갈 때
남편 손
넘어질세라
나의 손을 꼭 잡았네

홀로 선 나무처럼 외롭게 두지 않고
어려운 세상 속에 따스한 정을 주며
말 없는
사랑이 눈 길
발걸음에 놓였네

이 겨울 지나가고 세월이 흘러가도
함께한 님의 향기 나날이 깊어져서
여러 겹
주름 속에도
고운 모습 남겠네

눈 내리는 풍경

갑자기 바람 타고 함박눈이 쏟아진다
하늘의 마음들이 흔들리며 내려온다
순결한
태초의 세계
꿈꾸면서 내린다

창공 속 현란한 춤 보란 듯이 내보이며
내 눈을 어지럽게 나를 향해 달려든다
수많은
눈꽃 송이가
폭풍처럼 밀려든다

온 세상 하나 되는 꿈의 설국 만들려고
새하얀 쌀가루를 아낌없이 뿌리면서
별빛도
달빛도 없이
온 마을을 밝힌다

아침이 밝아오면 내 영혼도 씻기어서
눈처럼 반짝반짝 환하게 빛내라고
밤새워
눈 내리는 날
내 마음도 하얗다

겨울 아침 묵상

똑같은 시간인데 아직도 어둠이다
가을이 다가오면 어둠이 길어져서
햇살은
조심스럽게
가만가만 물러가고

짧아진 한낮 길이 아쉬움을 남기지만
침묵의 어두운 밤 지내고 깨어나면
멀리선
아침햇살이
서릿발을 헤치고

다정한 입맞춤을 볼 위에 해주면서
반기는 내 마음을 사르르 녹여 준다
긴 밤을
이겨내고서
희망되어 떠오른다

겨울 소묘

겨울엔 꽁꽁 언 땅 심장이 얼어 있어
발걸음 소리마저 얼음 되어 서걱서걱
땅속은
시간 동면중
내년 봄을 준비 중

나목 위 찬바람도 새 단장 재촉하며
목소리 쉬어지게 알리고 달리는 중
추운 날
웅크리는 삶
곧게 피려 달음질

뿌리는 땅속에서 사랑으로 번져가고
나뭇잎 벗은 가지 끝에다 꽃눈 다네
겨울 땅
사르르 녹아
지천에 피울 꽃 그리며

겨울 소묘·2

푸르고 높던 하늘 회색빛 되어 가면
차가운 겨울 날씨 살며시 돌아와서
톡톡톡
추운 마음에
고드름이 맺혀요

한밤에 돋아나던 서릿발이 자라나서
찬 기운 번져가면 아침 안개 피어올라
흐릿한
파스텔 풍경
온 마을에 그려요

기다림 지쳐가며 부르짖는 바람 소리
옷 벗은 나목 위에 깃발처럼 걸터앉아
전신주
전깃줄들을
튕기면서 노래해요

회색빛 하늘 아래 내리는 싸락눈은
하얀빛 반짝이며 자꾸만 쌓여가도
바람이
비질을 하면
저만큼씩 날아가요

겨울 달님

차가운 겨울밤에 여윈 가지 외로울 때
여물어 꽉 찬 속살 가지 위에 올려놓고
방긋이
웃는 보름달
언니 얼굴 닮았네

동생들 맘에 품어 따스한 마음으로
겨울엔 김장김치 맛 나게 해 보내고
언제나
먼저 전하는
안부 속의 그 사랑

추위 속 저 달님도 따스한 빛을 내어
움츠린 마음들을 다독이고 녹여 주어
한겨울
영글어 가는
생각들을 키워주네

겨울비

찬바람 몰고 와서 떨구던 눈물들로
젖은 길 밟으면서 미끄러져 가는구나
온 시간
기울였던 꿈
겨울 여행 마치고

메마른 나무마다 생기를 채워 주곤
총총히 가던 길에 한 번 더 내리면서
때 이른
푸른 봄의 꿈
일깨우며 약속하네

차가운 대지 위에 촉촉한 눈물 밟고
왔던 길 되돌아서 떠나가는 늦겨울 비
세월 속
그리움만큼
정을 놓고 떠나가네

긴 겨울 지나가면

긴 겨울 지나가면 꽁꽁 언 가지 끝엔
생명의 숨길 닿아 보송한 예쁜 꽃눈

톡톡톡
눈을 뜨겠네
따스함을 느끼며

긴 겨울 지나가면 헐벗은 가지마다
겨드랑이 간지럽혀 돋아난 잎새들이

쏙쏙쏙
돋아나겠네
벗은 몸을 가리며

긴 겨울 지나가면 봄볕에 아지랑이
솟아난 땅속마다 잠을 깬 생명들이

퐁퐁퐁

솟아올라서

봄의 노래 부르리

좁은 길

바른길 좁다란 길 그 길을 가는 사람
언제나 마음의 길 잃지 않고 가야 하지
험한 길
고독한 광야
서릿발도 참아내고

편한 길 향한 마음 버려야 갈 수 있네
무거운 십자가를 꽃 짐처럼 짊어지고
예수님
핏자국 따라
사랑의 길 내면서

승리를 기뻐하며 나부끼는 깃발처럼
고난의 거친 길을 마치고 들어가는
영원한
생명을 향해
순례자가 걷는 길

순교자

주님이 주신 생명 기쁨으로 받아들고
얻었던 그 생명을 주님 위해 바치고서
주님의
십자가 고난
짊어지고 떠나네

품게 된 그 사랑을 놓을 수 없었기에
두려움 뛰어넘어 주님께 나아가네
죽음은
또 다른 씨앗
밀알 되어 남기네

진정한 삶의 의미 가슴에 남아있어
흩어진 꽃잎처럼 떨어진 핏자국에
함께한
주님의 은혜
죽었어도 좋았네

5부

시간의 수레바퀴 아래서

시간의 수레바퀴 아래서

시간이 찬미한 삶 흐르던 마디마다
굴곡진 삶의 노래 한껏 더 드높아져
황혼의
긴 놀 그림자
마음속에 들어오면

수레가 굴러가는 배경이 바뀌듯이
매 순간 살아온 길 파노라마 잔상 되어
한 세월
파동치던 생
이제처럼 다가온다

살아낸 하루 일상 승리의 깃발처럼
인고한 삶의 격랑 잦아들어 눈을 뜨니
어느새
노을빛 속으로
수레바퀴 달려간다

고향 생각

유년의 꿈이 크던 푸른 빛 너른 바다
황금빛 찬란하게 물결 위 뿌려지면
쏟아진
햇살 사이로
눈부시던 늙은 적송

갈매기 푸른 하늘 쉼 없이 날아들며
친구와 정신없이 놀이에 빠졌을 때
엄마의
부르는 소리
귓가에서 맴돈다

그리움 길게 달려 열차를 따라가면
어느새 고향 땅에 스미는 바다 내음
오징어 먹물 뿜듯이
쏟아지는 옛 기억

아버지 수첩

하늘로 떠나가신 아버지 남긴 수첩
몇 줄을 못 채우고 빈 공간 하얗지만
한 줄이
마음을 담아
인생철학 말하네

시인은 아니어도 느낌은 깊고 깊어
심오한 무엇인가 깨달아 쓰고파서
쓰시다
막힌 글귀가
깊은 물음 던지네

누구나 인생이란 나그넷길 떠나갈 땐
할 말과 느낀 생각 많고도 많지마는
표현할
방법이 없어
짧은 마음 남겼네

기억

아버지 술 한 잔에 노랫소리 높아지면
가슴이 콩닥콩닥 방망이 쳤었던 날
어릴 적
괴로움 하나
아버지의 막걸리

빈속에 한두 잔해 취했던 울 아버지
자식들 육 남매를 키우던 고단함이
밥 대신
막걸리 한 잔
드셨던 걸 몰랐다

술 취해 설움 대신 쏟아낸 노랫가락
빈한한 삶의 여로 맨몸으로 맞서던 삶
조용히
밀려오는 건
고마움과 미안함

아버지 생각들로 그리움이 자라나서
바람결 파문처럼 잔잔히 다가오면
따스함
고이 접혀진
마음편지 꺼내 본다

시간 속에 나

세월이 빠르다고 슬퍼할 건 아니었어
시간을 따라 익어 마음은 여유롭지
속살이
올라오듯이
살찌는 건 내공이지

사라진 시간 속의 아름답던 기억들을
서럽게 바라볼 건 아닌지 모르잖아
더 고운
웃음을 하고
반겨줄지 모르잖아

손에 쥔 모든 것을 움켜쥐려 하지 말고
놓았던 귀한 것들 잃은 거라 생각지마
보이는
모든 것들이
영원 속에 잇대지면

보이지 않는 모습 살포시 다가와서
우리가 알던 세계 다시 보게 될지 몰라
생각이
경계를 풀면
바람처럼 자유롭지

시간이 흐르는 게 아니라

시간이 흐르는 게 아니라
너와 내가 변하며 흐르는 것
세월이 지나간다 우리는 말을 하지만
존재들이 떠나간다

우리네 무딘 감각 또렷이 살아나면
우리들 삶과 죽음 하나로 연결되어
형체를 거부하면서
바람처럼 흐른다

세월이 화살처럼 빠르게 지나감을
아쉬워 하지 마라
삶이란 그대로가 지나는 과정이란 걸
온몸으로 느낄 뿐

천년의 나무
-반계리 은행나무

시로만 읽어보고 관심도 없던 나무
눈으로 보지 않고 말로만 들었더니
눈앞에
우뚝 솟아서
그 위용을 자랑하네

노랗게 황금 옷을 켜켜이 걸치고서
우아한 몸짓 보여 여인처럼 보이지만
우람한
근육질 몸을
자랑하는 수나무지

암나무 떨어뜨린 은행 열매 냄새 없어
바람에 흔들리면 향기가 나는듯해
천년을
고이 간직한
반계리의 은행나무

가을비

한여름 뜨겁던 해 지나간 그 자리에
외로이 다가와서
단풍잎 편지 쓰네

물보라
글씨 씻기어
읽지 못한 그대 맘

가던 길 다시 오며 한 번 더 흩뿌리고
갈 듯이 돌이키다
길어진 그대 소리

깊은 산
고요 속으로
눈물 되어 찾아왔네

가을 황혼

시간이 절정으로 달리다 불이 붙어
단풍에 반짝이는 황금빛 쏟아내며
최선을
다하던 순간
불꽃처럼 타오른다

가을은 황혼빛을 온몸에 휘감은 채
농익은 열매들로 짙은 향수 뿌리고서
뜨거운
사랑의 눈빛
산과 들을 향한다

하나 된 찬란함 속 그리움 저물 때면
하늘길 따라 나는 기러기 여행길이
붉은빛
가을 황혼 속
환상처럼 흔들린다

시어머니 임종 후에

8월의 뜨겁던 날 땀이 흐른 얼굴 위로
주르륵 쏟아지던 눈물이 정이 되어
흙 한 삽
떠 덮어주고
평안한 잠 기원했네

어머니 떠나신 뒤 시골집 뜨락에는
못다 한 일상들이 주인을 기다리고
팥알이
기다림 속에
빠알갛게 익어있다

조용한 마을 집들 모두 다 잠을 자듯
앞마당 대추나무 졸린 듯 꾸벅대고
망초대
꽃다발 되어
홀로 반겨 맞는다

아무도 살지 않는 시골집 섬돌 위에
바람만 찾아와서 남기고 간 쓸쓸함에
귀퉁이
백일홍꽃만
외롬 속에 화사하다

합장

가는 길 홀가분히 훌훌 털고 가시려고
쌓인 한 깊이 묻은 사연을 풀어내어
숨겼던
그리운 마음
전하고서 가셨네

영원한 사랑으로 노래를 부르리라
평생을 내 임과 나 행복하게 살아가리
그 믿음
허망한 세월
바람결에 잊었네

자식들 눈물로서 온 힘으로 키워내며
뭇 사내 유혹들도 단호히 떨쳐내고
무정한
서방님만을
기다리던 그 세월

죽음 후 이루셨다 한번 맺은 인연의 끈
무덤 속 열 수 없게 자물쇠 굳게 채워
둘만의
영면의 세월
치밀하게 꿈꾼다

고향마을에서

작은 밭 일구려고 고향을 찾아가니
옛 어른 어딜 갔나 고요만 남아있네
엊그제
웃던 얼굴들
사라져간 빈 터에

별리의 숙명들이 마음을 일깨우고
스치는 바람만이 제 갈 길 재촉하네
산다는
하나의 법칙
죽음 앞에 온 것일 뿐

쓸쓸한 고갯길에 석양은 홀로 지고
물들은 하늘빛이 마음을 위로해도
끝없는
영면의 밤은
거침없이 달려오네

동반자

당신과 기쁨 슬픔 한평생 함께하며
기억 속 앨범들을 한 장씩 넘길 때면
사진 속
환하게 웃던
젊은 날이 그립다

지난날 흔적들이 얼굴 위 새겨져서
청년의 아름다움 있는 듯 없어진 채
낯선 듯
익숙한 얼굴
내 앞에서 웃는다

사랑이 깊은 것도 지나치면 병이라서
가끔은 불안함이 슬며시 다가와서
헤어질
그날의 슬픔
바람 되어 부대낀다

세월

한 세대 떠나가도 뒤를 잇는 시간 무대
세월은 말도 없이 정확하게 시간 재네
짧았던
지난날들이
자로 재면 길어질까?

슬픔과 기쁨들이 모였다가 흩어지며
격렬한 순간들의 애끓던 파동들이
날마다
머물던 흔적
하루하루 변해가네

젊음의 꽃봉오리 피어나 한창일 땐
세월은 아무 말도 하지 않고 서 있더니
백발이
솟아 나오니
그제서야 말을 거네

조금 더 곱게 살지 조금 더 사랑하지
다른 건 저축해도 시간은 저장 못 해
남은 날
짧아질수록
소중하게 다루라네

■ 해설

하늘빛 고운 날, 띄워 올리는
소망所望의 기도祈禱
-이경옥 시인의 작품 세계

김성수(시인)

　목회하면서 시를 쓰는 이경옥 시인님이 『하늘빛 고운 날』이란 표제로 두 번째 개인 시집을 상재上梓하게 되었다. 첫 번째 시집은 『나의 기쁨을 그대에게』란 성시집으로 많은 사람에게 아름다운 꿈과 소망을 마음속 깊이 심어주었으며 특히 그의 경건하고 차분한 작품 속에서 이 세상 모든 삶이 얼마나 그윽하고 은혜의 감사기 넘치고 있는가를 피력한 바가 있다.

　이번에 내는 작품집도 하늘빛 고운 날, 바람에 날리는 초록빛 깃발 같은 감성으로 세파에 찌든 우리 마음에 또 다른 아름다운 삶의 용기를 기폭처럼 날려줄 것을 기대해 본다.

　이경옥 시인은 시, 시조, 성시를 고루 쓰는 멀티 작가로서 평소에도 주옥같은 좋은 작품을 발표한 적이 있으며 이번에 상재上梓하는 작품은 지금껏 살아 온 삶의 족적足跡을 이 시집 속에 축약縮約해 놓은 것 같은 느낌을 주어 더욱더

소중한 가치가 있다고 생각된다.

　이 시집의 짜임은 모두 5부로 이루어졌는데
　제1부에는 고향 바다에 대한 그리움과 유년의 추억.
　제2부는 감사와 기쁨으로 살아가는 아름다운 세상.
　제3부는 세월과 바람의 동행, 그 여유로운 삶의 궤적軌跡
　제4부는 겨울연가 속에 기다리는 봄.
　제5부는 시간의 수레바퀴 속에 순응順應해 가는 삶의 자세.

　이상 5부로 되어 있는데 수수편편首首片片이 진솔하고 경건하여 읽는 사람들의 가슴속에 은은한 감명의 물결을 일게 하고 있다.

1. 고향에 대한 그리움과 유년의 추억

　　유년의 기억 너머 잠자던 동해 바다
　　고요에 묻힌 겨울 차갑게 인사하면
　　파도는
　　적막을 깨려
　　바위 등을 두드리네.

여러 날 오르내린 소나무 길 내려가면
바다는 제 속내를 파도로 밀어내며
기품을
말아 올리며
그리웠다 말하네.

바다 향 코끝으로 파도 되어 다가오면
수평선 저 멀리서 가물대는 배 한 척이
외로운
겨울 바닷가
반가움을 실어 오네.

- 「겨울 바다」의 전문.

 이경옥 시인의 유년 시절은 동해시 묵호항에서 조금 떨어진 봉오동 한적한 마을에서 자라서 언제나 푸른 바다 물결과 먼 수평선, 그리고 바다에서 솟아오르는 아름다운 일출日出을 보면서 유년을 보냈다 한다.

 바다를 바라볼 때 우리는 무한한 꿈과 낭만을 느끼게 된다. 그리고 그 싱그러움이 마음속에 젖어 들어 아름다운 감성의 물결로 출렁이게 된다.

 고향을 떠난 지 수십 년이 되었지만, 유년의 고향은 언제나 가슴 속에 살아 있어 한 편의 시 작품으로 다시 떠오르게 되는 것이다. 그리하여 그 작품 속에는 어릴 때 바다와 이야기하던 그 싱그럽던 언어가 되살아나고 반가움을 실어 오던 수평선 멀리 꿈의 조각배가 아련히 보이는 것이리라.

파도가 출렁이는 드넓은 푸른 바다
어부는 새벽 아침 출근 도장 찾아다가
회색빛
하늘 아래에
빨간 도장 찍었다.

인장 빛 바다 위에 붉게 퍼져 길을 열면
만선을 꿈꾸면서 두근대는 어부 심장
바닷물
일렁이는 건
어부 심장 뛰어 서지.

그물 속 파닥이는 고기들 바라보면
희망도 덩달아서 돛처럼 부풀어서
고단한
하루의 일과
힘든 것도 잊는다.

- 「어부의 바다」 전문.

   고기잡이 나가는 어부들의 모습과 그 설렘이 눈에 선하게 보인다.

   회색빛 하늘 아래 빨간 출근 도장을 찍는다는 표현은 만선의 꿈을 안고 일출日出과 더불어 바다로 떠나는 어부들의 어기찬 의욕이 넘치고 있음을 의미한다. 바다는 언제나 살아 있다. 아울러 어부들의 꿈도 선어鮮魚가 파닥이는 것 같이 생동하고 있으며 그러기에 그들의 희망도 돛처럼 부풀어 고단한 하루의 일과 힘든 것도 모두 잊는다.

시인의 기억은 언제나 유년의 바다에서 싱그러움과 푸르름을 실어 나르고 있다. 그 바다에는 어부들의 활력 넘치는 삶도 있고 눈물도 애환도 또 바다에 대한 낭만도 함께 있는 것이다. 이경옥 시인은 그중에서 그리움의 올실만을 뽑아 시조時調라는 고운 피륙을 짜내고 있다. 그러기에 그 추억들이 더욱더 아름답게 보이는 것이리라.

> 고향길 양옆으로
> 늘어선 붉은 노송
>
> 오랜 날 바람 따라
> 휘어진 등허리에
>
> 먼바다
> 검푸른 빛이
> 층층마다 물들었네.
>
> - 「노송老松」의 전문.

시인은 노송老松이란 단수의 시조를 통해 고향에 대한 그리움을 더욱더 절실하게 피력하고 있다. 오랜 세월 해풍을 맞으면서 몸속 깊이 바다를 아로새겨 끝내는 바다의 일부가 된 것 같은 노송老松. 어쩌면 그것은 고향을 그리는 시인의 마음인지도 모른다. 이경옥 시인의 가슴속에는 언제나 바다가 숨 쉬고 있다. 그 푸르름이 언제나 모티브가 되어 동해바다 고운 물결 같은 싱그러운 작품을 쓰고 있는 것이라 생각된다.

2. 감사와 기쁨으로 살아가는 아름다운 세상

    비바람 몰아치던 검은 빛 재색 하늘
    빗소리 그치면서 뽀얗게 얼굴 씻어
    하늘빛
    곱게도 웃네
    내 마음도 따라 웃네.

    폭풍우 이겨내고 저렇게 환한 빛을
    온 세상 빛깔 위에 가만히 올려놓고
    나무 위
    초록 산하에
    고운 하늘 앉았네.
                             - 「하늘빛 고운 날」의 전문.

  예쁜 색감의 종이 위에 상큼하게 적은 엽서葉書 같은 작품이다. 참으로 신선하고 정겨운 느낌이 나는 시조가 아닐 수 없다. 이토록 아름다운 마음을 시조라는 어려운 율격 속에 무리함이 없이 표현한다는 것은 시조에 대한 깊은 내공이 없이는 어려운 일이다. 난해한 표현 하나도 없이 쉽고 평범한 언어들을 사용하여 이경옥 시인만이 가지고 있는 질質 고운 감성의 프리즘으로 현상現像해 놓은 참으로 빛나는 작품이 아닌가 하는 생각이 든다.
  특히 종장에의 표현들 - "하늘이 웃으니 나도 웃는다" "나무 위 초록 산하에 고운 하늘이 앉았네" 등의 표현은 시의 주제를 선명하게 잘 나타낸 참으로 빛나는 표현이라고 생각된다.

> 짧은 날 꽃 피우려 긴 날을 준비했던
> 꽃잎이 떨어지는 이별의 순간에도
> 품속에
> 까만 씨 한 알
> 숨겨 놓고 떠나네.
>
> 바람에 흩어지는 혼들이 붉어져서
> 망각 속 들어가며 잡고 있는 소망 하나
> 잊지 마
> 꽃이란 사실
> 향기 내는 꽃이란 걸.
>
> 꽃들을 보고 웃는 사람들 미소들이
> 벙그는 꽃 속에서 날마다 재현되는
> 행복한
> 그 순간들이
> 씨앗 속에 숨겼단 걸.
>
> —「낙화落花」의 전문.

아, 얼마나 멋진 발상인가! 낙화는 슬픔과 이별의 이미지를 내포하고 있다. 그러나 이 작품 속에서는 낙화落花의 이미지 속에 새로운 꿈과 소망을 은근히 말해주고 있기 때문이다. 꽃은 오랜 날을 준비하여 한 송이 보람을 피워 올린다. 화무십일홍花無十日紅이라 했던가. 그리곤 얼마 후에

곧 져야 한다. 그러나 사람들의 마음속에 재현되는 또 다른 행복의 꽃송이를 생각하면서 꽃은 자신의 낙화落花를 감사와 은혜로 생각한다는 꽃의 숨은 진실을 통하여 이경옥 시인은 순리順理의 위대함과 아름다움을 피력한 것이리라. 문득 이형기 시인의 시 시구詩句들이 떠오른다.

> 가야 할 때가 언제인가를
> 분명히 알고 가는 이의
> 뒷모습은 얼마나 아름다운가!
> 봄 한철 격정을 인내한
> 나의 사랑은 지고 있다
> 분분한 낙화
> 결별이 이룩하는 축복에 싸여
> 무성한 녹음과 머지않아 열매 맺는
> 가을을 위하여 나의 청춘은
> 꽃답게 죽는다
>   - 이형기 시인의 「낙화」 일부

시공時空을 초월하여 아름다움을 느끼는 시인들의 감성은 상통함을 알 수 있다. 이형기 시인이 느꼈던 마음이나 지금 이경옥 시인이 생각하는 시적 자아詩的自我는 같은 맥락脈絡임을 알 수 있기 때문이다. 더 나아가 박두진 시인이 쓴 「시인 공화국」이란 시 작품도 이러한 범주에서 벗어나지 않는다고 볼 수 있다. 시인들이 추구하는 세계는 꿈과 소망, 은혜와 감사가 넘치는 영원한 유토피아가 아니겠는가.

3. 세월과 바람의 동행, 그 여유로운 삶의 궤적(軌跡)

바람은 긴 날들을
세월과 함께 간다
햇살로 드리워진 커튼을 밟고 간다
바람이
쉴 수 없음은
쉬지 않는 세월 때문.

세월을 닮아가던
바람이 남긴 것은
모습을 잃어버린 형체 없는 기억들뿐
꽃들의
향기에 묻은
그리움의 자취뿐.

바람아 슬퍼마라
형체가 없다는 걸
모든 걸 빛깔까지 채웠는지 누가 알까?
신비의
옷자락 속엔
바람 한 줌 일고 있다.

- 「바람의 동행」 전문.

바람과 세월, 세월과 바람, 그리고 그들의 아름다운 동행. 우리는 그냥 스치고 지나가던 대수롭지 않은 상념想念인데 이 시를 소용히 읽어보노라면 그 안에는 자연의 순리가 있고 깊은 철학이 있고 시적(詩的) 감흥이 일어나고 있음을 새삼스럽게 알게 된다. 특히 '바람이 쉴 수 없음은 쉬지 않는 세월 때문'이라는 시구詩句에 이르러서는 아, 그렇구나! 하는 감탄사가 절로 나온다. '모두가 모습을 잃어버린 형체 없는 기억뿐이라 해도 꽃들의 향기에 묻은 그리움은 남아 있다'라는 표현은 이경옥 시인의 세심함과 경건한 생활의 체험 속에서 뽑아 올린 보석 같은 시심詩心이 아닌가 생각된다.

아무도 바람을 본 사람은 없다. 그리고 흘러가는 세월을 눈으로 본 사람도 없다. 영국의 유명한 여류시인 크리스티나 로제트의 「누가 바람을 보았는가?」란 작품이 생각난다.

> 누가 바람을 보았는가? / 나도 너도 보지 못했다/ 그러나 나뭇잎이 매달려 떨고 있을 때/ 바람은 지나가고 있다//
> 누가 바람을 보았는가? / 나도 너도 보지 못했다/ 그러나 나뭇잎이 고개 숙여 인사할 때/ 바람은 스쳐 지나가고 있다//
> - 「누가 바람을 보았는가?」 전문.

세월과 바람의 시적詩的인 은유隱喩는 참으로 자연스럽고 너무나 멋지다.

세월이 바람의 등을 밀면 바람은 세월의 옷자락을 끌면서 유유하게 가고 있다

그 위에 얹혀서 우리네 인생도 흘러가고 사랑도 흘러가고 청춘도 흘러간다. 그 여유로운 삶의 궤적軌跡 속에 꽃을 피우는 것이 예술이요 또 시詩인 것이다. 세상에는 시인이

라 불리는 사람들이 참 많다. 그러나 그들이 얼마나 진솔한 시들을 쓰고 있을까? 인간적 내면內面의 아름다움과 소망을 띄워 올리는 작품들을 창출할 때 비로소 시인이란 이름이 부끄럽지 않을 것이다. 이경옥 시인은 명리名利를 초월해서 오로지 진솔한 마음으로 시작詩作을 하고 있음을 이 작품을 통해 다시 한번 알게 되었다.

>바람이 창공 위를 맴돌다 내려와서
>푸르른 풀잎들을 하나둘 스쳐 가면
>저마다
>드러눕는 풀
>깔깔대며 웃는다.
>
>바람이 비집고 든 풀 사이에 꽃이 웃고
>들풀이 책이 되어 한 장 두 장 넘겨지며
>파아란
>하늘 보다가
>제자리로 들이온다.
>
>들판은 생명의 책 수많은 꿈을 꾸며
>바람이 갈라놓은 들길 따라 펼쳐져서
>푸릇한
>책장 속에서
>비밀의 문이 열린다.
>
>　　　　　　　　　　- 「바람이 넘기는 책장」 전문.

 이 작품은 바람과 풀을 의인화擬人化한, 한 편의 아름다운 동시조童時調이다. 어린이의 시선視線으로 세상을 보면 모두가 순수하게 보이며 언제나 꿈과 이상이 가슴에 가득하다. '바람이 비집고 든 풀 사이에 꽃이 웃고 들풀이 책이 된다.'라는 표현이라든지 '푸릇한 책장 속에서 비밀의 문이 열린다'라는 이야기는 혼탁한 시류時流를 떠나 동심童心만이 느끼는, 비 갠 하늘에 뜨는 무지개처럼 참으로 아름다운 상념想念이 아닐 수 없다.

  이경옥 시인은 마치 순풍에 돛단배를 띄우듯 세월과 바람을 이용하여 더욱 긍정적으로 세상을 살아가고 있으며 그 아름다운 동력動力으로 이토록 순수한 문학작품을 쓰고 있는 것이 아닌가 하는 생각이 든다.

4. 겨울연가(戀歌) 속에 기다리는 봄.

나무는 이상하다 추울 때만 옷 벗으니
해마다 궁금한 것 겨울날 나목 모습
추우면
두껍게 입는
우리와는 다르다.

나무는 참 강하다 이 추위에 맨몸 자랑
온몸에 실오라기 하나도 입지 않고
윙윙윙
겨울 칼바람

온몸으로 맞는다.

강추위 이겨내며 겨울을 보내고서
따스한 봄이 되면 자랑스레 꽃피우려
온몸을 단련하면서
맨몸 자랑 한창이다.
- 「나무와 추위」 전문.

한겨울 흰 눈 내려 동화 속 세상 되어
하얗게 쌓인 눈을 조심조심 밟고 갈 때
남편 손
넘어질세라
나의 손을 꼭 잡았네.

홀로 선 나무처럼 외롭게 두지 않고
어려운 세상 속에 따스한 정을 주며
말 없는
사랑의 눈길
발설음에 놓였네.

이 겨울 지나가고 세월이 흘러가도
함께 할 님의 향기 나날이 깊어져서
여러 겹
주름 속에도
고운 모습 남겠네.
- 「겨울의 길목에서」 전문.

위의 두 편의 시조 작품늘은 우리네 고단한 삶 속에서도

한 줄기 소망의 빛을 전해 주는 것 같은 희망의 메시지임이 틀림없다. 한겨울 추위를 이겨내며 새로운 봄을 맞을 나무들의 의지와 험하고 어려운 삶 속에서도 언제나 용기와 도움을 아끼지 않는 믿음직한 삶의 반려자…. 그러기에 이경옥 시인의 삶은 언제나 긍정적이며 사랑과 감사, 은혜가 가득 넘치고 있으며 그가 창출하는 작품들도 한없이 따스하고 소망이 가득 넘치고 있다고 생각된다.

시인의 사명과 문학의 순기능順機能은 어떤 것인가에 대한 생각을 할 때가 자주 있다. 과연 어떤 작품들을 써야 할 것인가? 모든 사람들 가슴에 꿈과 소망과 따스한 인간애를 전할 수 있는 작품을 써야 할 때 시인은 스스로도 행복하며 남에게도 행복을 전해 주는 꿈의 전령사傳令使가 될 것이다. 그런 의미에서 생각해 볼 때 이경옥 시인이야말로 문학의 순기능을 실현하는 작지만 큰 시인이라고 나는 생각한다.

5. 시간의 수레바퀴 속에 순응해 가는 삶의 족적

시간이 찬미한 삶 흐르던 마디마디
굴곡진 삶의 노래 한껏 더 드높아져
황혼의
긴 노을 그림자
마음속에 들어오면.

수레가 굴러가는 배경이 바뀌듯이
매 순간 살아온 길 파노라마 잔상殘像 되어
한 세월
파동 치던 생生
어제처럼 다가온다.

살아낸 하루 일상 승리의 깃발처럼
인고忍苦한 삶의 격랑 잦아들어 눈을 뜨니
어느새
노을빛 속으로
수레바퀴 달려간다.
                            - 시간의 수레바퀴 아래서의 전문.

세월이 빠르다고 슬퍼할 건 아니었어
시간을 따라 익어 마음은 여유롭지
속살이
올라오듯이
살찌는 건 내공이지.

사라진 시간 속의 아름답던 기억들을
서럽게 바라볼 건 아닌지 모르잖아
더 고운
웃음을 하고
반겨줄지 모르잖아.

손에 쥔 모든 것을 움켜쥐려 하지 말고
놓았던 귀한 것들 잃은 거라 생각지마
보이는
모든 것들이
영원 속에 잇내시난.

보이지 않는 모습 살포시 다가와서
우리가 알던 세계 다시 보게 될지 몰라
생각이
경계를 풀면
바람처럼 자유롭지.

- 「시간 속에 나」 전문.

　삶이란 어쩌면 세월이라는 수레를 타고 신의 섭리攝理대로 정해진 궤도軌道 위를 달리는 일인지도 모른다. 위의 두 편의 작품에서는 이 시인이 지금껏 살아온 아름다운 삶의 족적足跡들과 앞으로 살아갈 숙명宿命 같은 과제들에 대해서 순리順理로 받아들이려는 결 고운 마음씨가 글이랑 마다 스미어 있다. '손에 쥔 모든 것을 움켜쥐려 하지 말고, 놓았던 귀한 것들 잃은 거라 생각하지 마' '모든 것이 영원 속에 잇대지면 우리가 알던 세계 다시 보게 될지도 모른다는 말, 그리하여 생각이 경계를 풀면 우리네 삶도 바람처럼 자유롭다'는 시구詩句는 독자들 가슴에 잔잔한 감동을 주고 있다.

　어느 가수가 부른 〈바램〉이라는 노래 가사에 '우린 늙어가는 것이 아니라 조금씩 익어가는 것이다'라는 노랫말처럼 우리는 세월의 수레를 타고 조금씩 숙성熟成되어 가는지도 모르는 일이다. 푸시킨의 시구詩句처럼 '마음은 언제나 미래에 살고 지나가 버린 것은 그리움이 된다.'라는 그 의미를 가슴에 지니고 살아가고 있는지도 모른다.

6. 맺는말

　이경옥 시인의 작품들은 읽으면 읽을수록 마음을 따뜻하게 해 준다. 봄 햇살처럼, 어머니의 손길처럼, 세파에 지친 독자들 마음에 잔잔한 위로의 메시지를 전해 준다. 아주 작은 것, 우리가 평소 하찮게 보는 일들에 대해 애정을 쏟아주며 새로운 의미를 갖게 해 준다. 그것이야말로 진정한 시인의 사명일 것이다. 어려운 표현 하나 없이 난해한 시어 하나도 없이, 그것도 시조라는 어려운 율격 속에 물이 흐르듯이 시상을 전개한 것은 참으로 높이 평가할 일이며 고마운 일이다. 앞으로 더 좋은 작품을 기대해 본다.